DUDLEY SCHOOLS LIBRARY
AND INFORMATION SERVICES

KU-337-464

Schools Library and Information Services

S00000662532

ইসলামী চারুকলার জগতে এক ভ্রমণ

Journey through Islamic Art

Na'ima bint Robert & Diana Mayo

mantra

আমি সামারকান্দ আর বাগ্‌দাদ শহরের গল্পকথা অনেক শুনেছি।
শুনেছি ভারতের মুগলদের কথা আর স্পেন্‌ দেশের মুর-দের কথা।

I heard tales about the cities of Samarkand and Baghdad,
About the Moghuls in India and the Moors in Spain.

ইতিহাসের কিছু রেশমী সুতোর গোছা জড়ো করে
আর তার সাথে আমার কল্পনার রঙের জালে
বুনলাম এক আলখেল্লা। সেই আলখেল্লা আমায়
নিয়ে গেল ইসলামী চারুকলার জগতে এক বিস্ময়কর ভ্রমণে।

I gathered silken threads of history in my hands and,
With them, my mind wove a flying cloak:
A cloak that took me on an amazing voyage
Through the art of the Islamic world.

আমার আলখেল্লা নিয়ে গেল আমায় প্রাচীন শহর বাগ্দাদে।
মস্জিদ, স্নানাগার, ঘোড়দৌড়ের মাঠ আর
কারুকার্যময় চত্বরের ছড়াছড়ি সেখানে।

My cloak took me to the old city of Baghdad,
Home to mosques, public baths,
racetracks, and pavilions.

আছে সেখানে অনেক সুরক্ষিত দূর্গ।
ঘরগুলোর দেওয়ালে ছাদ থেকে মেঝে পর্যন্ত
আঁকা সুন্দর সব ছবি।
পৃথিবীর সবচেয়ে বড় মস্জিদ সামারা এই শহরে।
মেঘের উপর থেকেও যেন মনে হয় আজানের
ডাক শুনতে পাই আমি।

Home to fortified desert castles,
Adorned with wall-paintings from floor to ceiling.
The largest mosque in the world called Samarra its home,
I imagined that the call to prayer reached me in the clouds.

আমার আলখেল্লা আমায় নিয়ে গেল মুসলিম আমলের স্পেন্ দেশে,
যেখানে পূব এসে মিশেছে পশ্চিমে।
আমি ছাড়িয়ে গেলাম বৈজ্ঞানিক, উদ্ভাবক আর রাজ-দরবারের
জ্যোতির্বিদ্-দের যাঁরা মানুষের জ্ঞান-বুদ্ধির সীমাবদ্ধতা
পরীক্ষা করেন।

My cloak took me to Muslim Spain,
Where the East met the West.
I passed scientists, inventors and court astronomers,
Testing the limits of human knowledge.

সেখানে আমি সাজানো উঠানের ভিতর দিয়ে,
ফোয়ারা আর সুবাসিত বাগানের পাশ দিয়ে ঘুরে এলাম।

There, I wandered through ornamental courtyards,
Past fountains and scented gardens.

ইসলামী চারুকলার ঐতিহ্য আর
স্পেন্ দেশ, এই দু-এর মিলনে
তৈরী হয়েছে আল্হাম্বরা প্রাসাদ
আর বিখ্যাত কোর্ডাবা মস্জিদ।
গোলাকার গম্বুজ, মোজাইকের নক্সা
আর ধনুকের মত বাঁকানো
তোরণের দৃশ্য দেখে আমার
চোখ জুড়িয়ে গেল।

The artistic heritage
of Islam and Spain
Fused to create the
Al Hambra palace and
the great mosque
of Cordoba.
Domes, mosaics and
archways greeted
my eager eyes.

আমার আলখেল্লা আমায়
নিয়ে গেল সেল্জুকের তুর্কিদেশে।
সেখানে কাঠের অপূর্ব কারুকার্য্য
দরজা আর বক্তৃতার মঞ্চগুলিকে যেন
আরও সুন্দর করে তুলেছে।
টাইল্ লাগানোর অদ্ভূত শিল্পের এখানে যেন কোন
খুঁতই পাওয়া যায়না। উজ্জ্বল রঙের সব কার্পেটে মস্জিদের
মেঝে আগাগোড়া ঢাকা। ইচ্ছে হয় তাদের বুননে আঙুল ছুঁয়ে দেখি।

My cloak took me to Seljuk Turkey,
Where ornate woodcarvings graced doors and pulpits.
The art of setting tiles reached near perfection
And bright woven carpets covered the mosques' floors.
I fancied I felt their textures beneath my fingers.

আমার আলখেল্লা
আমায় নিয়ে গেল খঞ্জ তৈমুরের
সামারকান্দ শহরে যেখানে সারা পৃথিবীর
শিল্পীদের সমারোহ হয়েছিল।

My cloak took me to the Samarkand
of Timur 'the Lame'
Where artisans from around the world
were gathered.

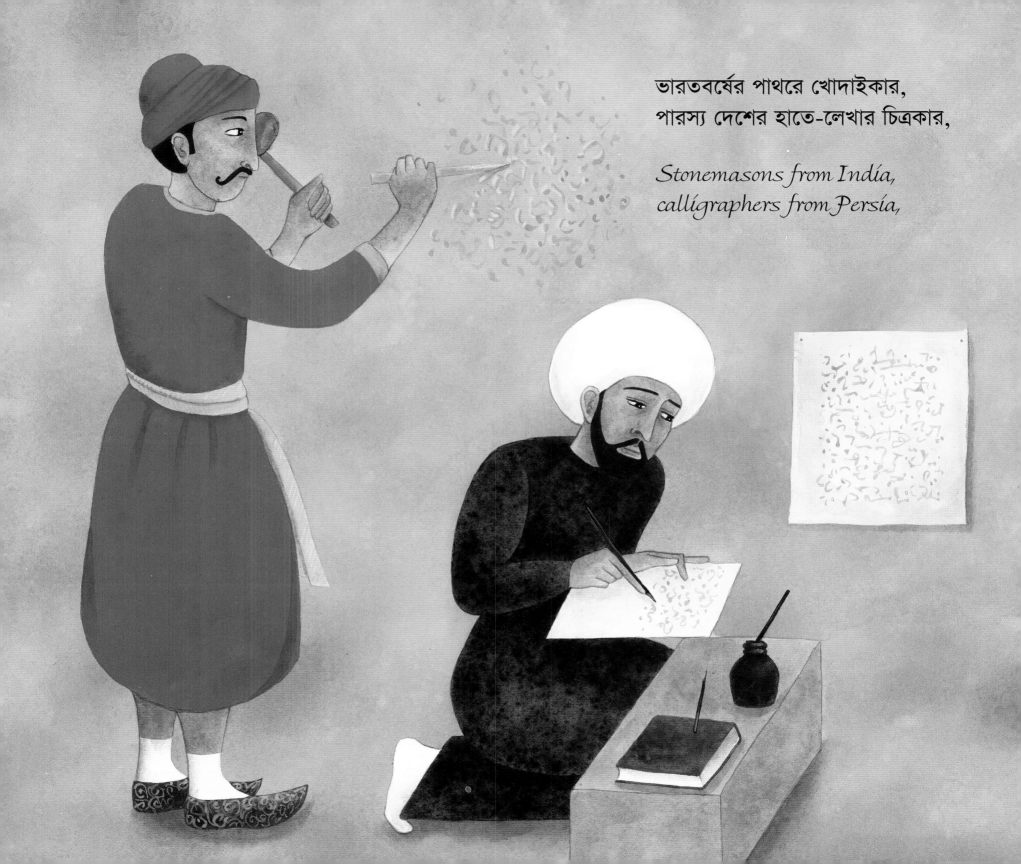

ভারতবর্ষের পাথরে খোদাইকার,
পারস্য দেশের হাতে-লেখার চিত্রকার,

Stonemasons from India,
calligraphers from Persia,

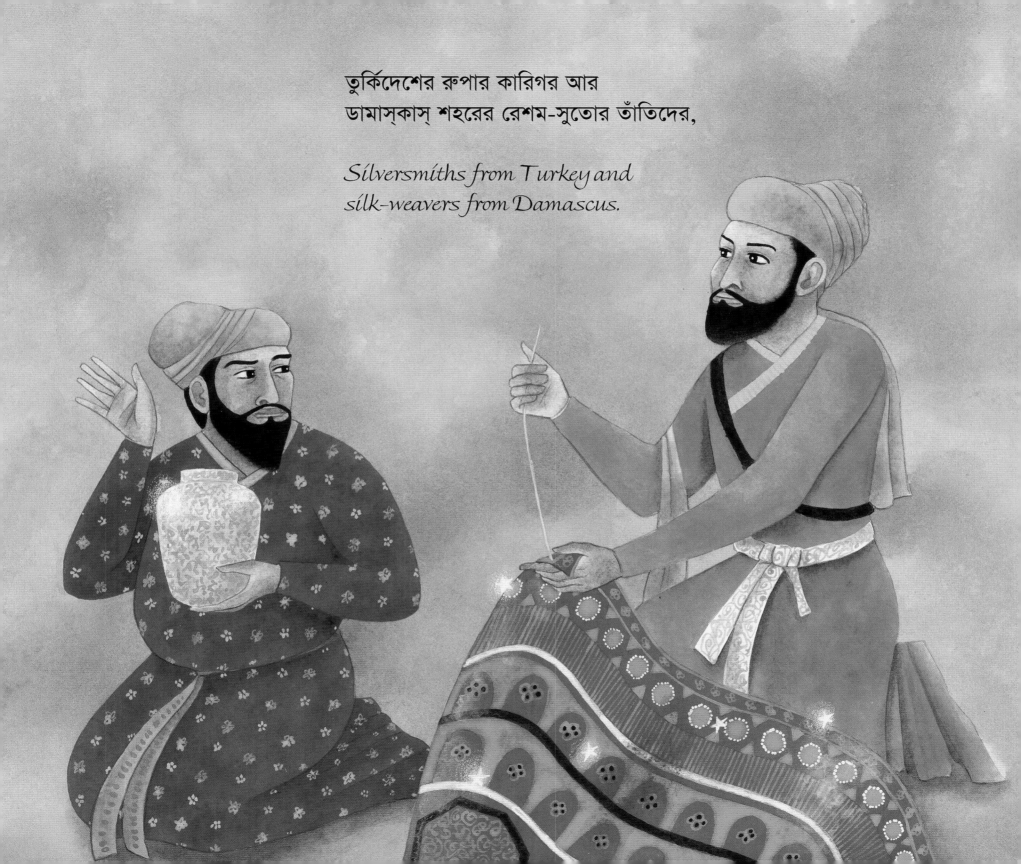

তুর্কিদেশের রুপার কারিগর আর
ডামাস্কাস্ শহরের রেশম-সুতোর তাঁতিদের,

*Silversmiths from Turkey and
silk-weavers from Damascus.*

সকলকে জোড় করে ধরে আনা হয়েছে তার শহরের সৌন্দর্য্য বৃদ্ধির জন্য। এদিকে তার নিজের প্রাসাদ কিন্তু শুধুমাত্র একটি তাঁবু - যাযাবরের জীবনই যাপন করেছেন তিনি।

All brought back as captives, to beautify his city,
While his palace was a tent - a nomad to the end.

আমার আলখেল্লা আমায় নিয়ে গেল আগ্রা শহরের
অলিগলিতে যেখানে তাজমহলের নানা গল্প-গুজব
ছড়িয়ে রয়েছে জমজমাট বাজারঘাটে।

My cloak took me to the streets of Agra,
Where rumours of the Taj Mahal filled buzzing bazaars.

মৃত্যুশয্যায় দেয়া এক প্রতিশ্রুতির উপর ভিত্তি করে রচিত এই সৌধ।
এর ধবধবে সাদা মার্বেলের পোষাক
আলোতে চকমক্ করে।

A building born from a deathbed promise,
Its garment of white marble
Shimmered in the light.

المشرق

তুলিতে আঁকার মত কোরাণের
সুন্দর অক্ষর, ফুল-লতার আরবীয় নক্শা আর নিখুঁত
জ্যামিতিক লাইনের নানা চিত্রের এক অপূর্ব সংমিশ্রন।
তাইতো কবিরা একে "ভোরের উজ্জ্বল মুখমন্ডল" বলেন।
এই সৌধের সৌন্দর্য্য মৃতের আবরণ না হয়ে যদি
জীবিতের জন্য হত তাহলে আরও ভাল হতো।

صباح الفجر

Calligraphic inscriptions from the Qur'aan,
Floral arabesques and geometric designs
all harmonised
And the poets named her 'Dawn's bright face'.
I wished its beauty could grace the living
and not enshroud the dead.

এই ভ্রমণ এক স্বপ্ন। একটি ছোট মেয়ের কল্পনা।
ভ্রমনের জায়গাগুলি কিন্তু সব সত্যি।
আশা করি তোমাদের আলখেল্লাও এই গল্পের মত জাল বুনবে
আর তোমরাও ঐ সব জায়গাগুলি ঘুরে আসবে।

This voyage was a dream – a child's fantasy,
Though all its destinations are true.
I hope that your cloak will be spun by this tale
And that you will go there too.

Here are some explanations to help you enjoy the story:

Samarra
In the 9th century, after the foundation of Baghdad, the Caliph (ruler) moved his capital to the splendid city of Samarra. The Great Mosque was once the largest mosque in the Islamic world and rises to a height of 52 meters.

Islamic Spain was established in the 8th century by Muslims from North Africa who were known as Moors. For over three hundred years, Muslims, Christians and Jews lived together in a Golden Age when learning, art and culture flourished.

Seljuk Turkey was one of the eras in Islamic history. The Seljuks were Muslim rulers who took control of Persia and Turkey. Seljuk Turkey became the centre of excellence in weaving, ceramic painting and wood carving.

Born in the 14th century, **Timur 'the Lame'**, also known as Tamerlane, was a fierce and determined Mongol warrior who loved art. Whenever his armies invaded foreign cities, he would take care to protect the artisans and take them back to beautify his city, Samarkand.

The **Taj Mahal** was a monument built by the Mughal Emperor Shah Jahan in 1631 as a tribute to his loving wife Mumtaz Mahal. Legend says that she made him promise to build her a mausoleum more beautiful than any the world had ever seen.

Arabesque is an art form originally from Asia Minor. It was later adapted by Muslim artisans into a highly formalised form of intertwined flowers and plants.

The Qur'aan, the Muslim holy book, was revealed to the Prophet Muhammad (pbuh) by the Angel Gabriel. Its verses are often inscribed in beautiful patterns by calligraphers.

First published in 2005 by Mantra Lingua
Global House, 303 Ballards Lane, London N12 8NP
www.mantralingua.com

Text copyright © 2005 Na'ima bint Robert   Illustrations copyright © 2005 Diana Mayo
Bengali translation by Sujata Banerjee
Dual language copyright © 2005 Mantra Lingua
All rights reserved

A CIP record for this book is available from the British Library.

BARNET PUBLIC LIBRARIES

L   47943

662532 | SCH
            JYROB BEN/ENG